AF525265

ELSINOR
VERLAG

Frank Lingnau

In der Hand die klebrigen Münzen

Gedichte

Elsinor

Bibliografische Information der Deutschen Nationalbibliothek
Die Deutsche Nationalbibliothek verzeichnet diese Publikation in der Deutschen Nationalbibliografie; detaillierte bibliografische Daten sind im Internet über www.dnb.de abrufbar.

1. Auflage 2023

Umschlag und Satz: Elsinor Verlag, Coesfeld
Abbildung auf dem Umschlag: Rudolf Gier

Printed in Germany
ISBN 978-3-942788-79-3

INHALT

Die alten Geschichten

Schnee

Leichtes Gepäck

They've come every day this month.
Once I said I wrote them because
I didn't have time for anything
else. Meaning, of course, better
things – things other than mere
poems and verses. Now I'm writing
them because I want to.

Raymond Carver

I

Die alten Geschichten

Nichts ist zu Ende. Alles geht weiter.
Mascha Kaléko

Die alten Geschichten

Und immer noch die Geschichte
von Woyzeck und Marie,

wenn die Großmutter abends
ihre bitteren Parabeln erzählt,

wenn ein Kind weint aus Angst
vor den Dämonen der Nacht,

wenn ein junger Mann durch
die Straßen der Stadt irrt,

weil er Stimmen
unterm Asphalt hört.

Ein wirrer Blick
nach dem letzten Tanz,

eine Tote im Fluss,
der Mond ein blutig Eisen.

Schwarze Oliven

Die Zelle ohne Fenster,
eine flackernde Neonröhre nachts.

Die Fußsohlen verbrannt durch Zigarettenglut,
die Lippen blutig geschlagen und

im Kopf das Rauschen des Meeres
kratzt er mit dem Kern

einer schwarzen Olive
fortwährend Verse in die Wände, bis er

das Klirren eines Schüsselbunds hört,
sich ohne Eile die Tür öffnet.

Der leise Gesang

Über knirschendem Kies zu den Gleisen.
Ophelia, die ruhelose Schwester,

war nicht zu sehen, nur ein rotes Kleid,
aufgehängt am Zweig einer Weide,

flatterte im Wind. Und immer noch zu hören
der leise Gesang der Schienen,

ihr Summen
                    und Summen.

Golem

Damals am Ufer der Moldau, als Rabbi Löw
aus feuchtem Lehm den Golem knetete,
ein Geschöpf stumm wie ein Stein,

ein kindlicher Koloss, der seinen Körper
an einem Pferd rieb, der vor dem Spiegel
Grimassen zog, mit Essiggurken spielte:

ein zartes Herz – damals schon der Traum
von einer künstlichen Kreatur.
Vom Golem blieb wenig erhalten, nur

ein trockener Klumpen Erde im trüben Licht
eines Dachbodens. Eine Legende, die wir
staunenden Kindern erzählen.

Talos

Und dann war da noch Talos von Kreta,
den Hephaistos, der Schmied, erschaffen hatte:
ein Riese aus Metall als Wächter einer Insel.

Dreimal am Tag lief er an ihren Küsten entlang,
warf mit Felsbrocken nach Booten,
ertränkte fremde Ankömmlinge im Meer.

Auch er ein armer Teufel? Verwundbar war nur
eine Ferse. Das wusste Medea, die Magierin, – und
schlitzte sie auf. Talos' Blut sickerte in weißen Sand.

Heute begegnest du ihm beim Griechen
um die Ecke, auf einer fleckigen Tapete,
die sich von den Rändern langsam löst.

Nachtruhe

Eine Nacht mit dumpfen Stimmen aus der Nachbarwohnung, knarrenden Dielen, dem Rauschen einer Toilettenspülung, als schliefen sie nie: die Nachbarn. Ruhelos wälzt du dich auf dem Laken, sobald auch noch ein Schnarchen zu dir herüberdringt.

Eine Nacht mit der Erinnerung an die alten Geschichten von Odysseus. Die Ohren seiner Gefährten verstopfte er mit Bienenwachs. So hörten sie das Singen der Sirenen nicht, derweil er, festgebunden an dem Schiffsmast, um sich schlug.

Eine Nacht mit Ohrstöpseln aus einer Blechdose, die du im Bad gefunden hast. Zum ersten Mal drückst du Kugeln aus Wachs in deine Ohren. Du vernimmst den eigenen Puls – und dann eine fast vollkommene Stille, bevor du sanft in den Schlaf sinkst.

Requiem

Nicht auf dem Bett lag er, wie ich es erwartet
hatte, mit über dem Bauch zusammengelegten
Händen. Er saß in seinem Sessel, den Kopf
auf die Brust gesenkt, die Augen geschlossen,

als schlafe er. Er trug ein kariertes Hemd,
die helle Hose. An seinen Füßen Straßenschuhe
vom letzten Spaziergang, blaue Sneaker, die
wir einmal gemeinsam gekauft hatten.

Er hatte eine neue Brille benötigt, doch sein
Optiker an diesem Nachmittag geschlossen.
Er hatte, wie ich später erfuhr, ein Eis gegessen,
eine Kugel Vanille. Als es klingelte, öffnete

ich die Tür, ging auf die Terrasse, wartete,
bis ich das Zeichen erhielt, zurückkehren
zu können. Das Wohnzimmer war leer. Nur
noch seine Armbanduhr lag in dem Sessel.

Teenager

Sie dreht sich langsam um,
niemand beobachtet sie.
Dann greift sie nach
der Flasche *Young Style,*
lässt sie in ihrer Manteltasche
verschwinden, geht stumm
an der Kassiererin vorbei.

Draußen vor dem Kaufhaus
einen Tropfen hinter
jedes Ohrläppchen.
Danach wirft sie ihre Beute
in den nächsten Mülleimer
und verschwindet triumphierend
in einer Straßenbahn.

Lektion

(für Frida)

Lektion für Deutschlehrer, sagst du
und öffnest den Putzkasten für
das Pferd: Kardätsche, Striegel,
Hufkratzer, Schweißmesser.
Bitte einmal nachsprechen.

Familienfoto

Das ist die Mutter lieb und gut.
Das ist die Oma mit dem neuen Hut.
Das ist die Tante mit dem roten Rock.
Das ist der Opa mit dem langen Stock.
Das ist der Onkel ernst und dick.
Das ist die Schwester wie immer schick.
Das bin ich: dünn wie ein Strich.
Das ist der Bruder schlank und groß.
Das ist der Vater mit dem harten Schoß.
Was will der bloß was will der bloß.
Ich bin klein und ganz allein.
Ich soll stets nett zu ihm sein.

Damenwahl

Obgleich die Schwester schon zwanzig, meinte ihre Mutter, sagt sie, dass sie, die Ältere, diese begleiten muss. Mit zwanzig zu jung für ein Tanzlokal? Na ja. Ein Tisch an der Tanzfläche, die Musik zu laut, viele rauchen, sagt sie. Irgendwann beginnt sie, mit ihm Blicke auszutauschen, erst nur sehr kurz, bald länger. Schöne braune Augen. Na ja. Als der Discjockey Damenwahl ankündigt, nimmt sie ihren ganzen Mut zusammen, sagt sie. Sie steht auf, geht zu ihm, sagt: Darf ich bitten? Nur: Darf ich bitten? Drei Worte, mehr nicht. Und er nickt und lächelt und lässt ihre Hand an diesem Abend nicht mehr los. Na ja. Danach? Am Montag rutscht sie auf einer Wurstscheibe aus, hinter der Fleischtheke, sagt sie, fällt auf eine geöffnete Konservendose, so was Dummes. Die Sehne am Zeigefinger der rechten Hand durchgeschnitten, Blut auf dem Kittel, großes Geschrei. Wochenlang kein Gedanke an Arbeit im Konsum, aber viel Zeit zum Poussieren. So habe ich ihn kennengelernt, sagt sie, deinen Vater, kichert und schläft erschöpft in ihrem Sessel ein.

Waldtage, eine Inventur

Aus Maschas Rucksack:

ein modrig riechendes Tierlexikon,
eine Handschaufel mit Erdresten, eine Lupe,
ein Taschenmesser, verschiedenfarbige Blätter,

ein grobes Seil, eine leere Trinkflasche,
ein angebissenes Brot mit feiner Leberwurst,
Kastanien und eine Pappschachtel

mit sich krümmenden Regenwürmern,
die sie am Nachmittag der Größe nach
auf dem Küchentisch

sortiert.

Letzte Inventur

Aus Achims Nachttisch:

Ein Kamm mit zwei braunen Haaren.
Der kleine Weltempfänger von Sony,
überzogen mit einer klebrigen Patina.

Seine Leselupe, Krümel von Keksen,
die Geldbörse mit wenigen Münzen,
mürbe das Leder. Für Kreuzworträtsel

ein Kugelschreiber, der Werbeaufdruck
unleserlich. Ein Taschenkalender,
ein grünes Fieberthermometer und

sein Gewerkschaftsausweis, ausgestellt
im Dezember 1949, der uns daran erinnert,
in nächster Zeit seine Mitgliedschaft

zu kündigen.

Wintermond

Kalte Küsse an der Seebrücke,
zwei Hände in einer Manteltasche,

Schneefall ins schäumende Meer.
Richtung Osten schleppende Schritte,

und auf einmal am Grenzzaun
ein Schrei, sodass wir

zusammenzucken, umkehren.
Im Rücken der Wachtposten.

Noch lange ein Zittern der Beine,
heute höher am Himmel der Mond.

Testament

Der Tod sollte ihn einst mit
einem leisen Klopfen am Fenster holen.

Ein Zinksarg, der von Würmern
nicht zerfressen werden konnte:
                                        So stellte er sich
die letzte Ruhestätte vor,
geborgen und geschützt
unter der Erde
des Dorotheenstädtischen Friedhofs,
wenige Meter von
seinem Schreibtisch entfernt.

Und vor dem Schließen des Sargs
                                        noch ein kleiner Schnitt
mit dem Skalpell, damit er
nicht scheintot begraben werde.

Fotoalbum

Artwin in kurzen Hosen an der Hand des Vaters,
der behutsam ein Reh füttert (*Mit Papi im Zoo*);
Artwin klettert auf den Liegestuhl der Mutter.
Ringelsöckchen, ein scheues Lächeln für die
Kamera (*Immer bei Mutti*); Artwin am Lenkrad
des Dienstwagens seines Vaters (*Mit 100 km in
die Kurve*); Artwin im Jäckchen auf dem Arm
des lachenden Vaters (*Papi macht Witzchen*).
Das ist Haus Buchenwald, die Villa des Vaters:
ein Teich mit Springbrunnen, Blumenkästen am
Holzgeländer, weiche Kissen auf dem Sofa im
Wohnzimmer, auf dem Glastisch Weidenkätzchen.
Schwarzweißbilder. Der Name des Buchbinders
aus den Werkstätten fehlt. Kein Foto vom Zaun.

Kleines Lied

Großmutter, komm lass uns gehen,
uns um unsere Achse drehen,
Wie ein Kreisel mit buntem Band.

Großmutter, komm lass uns singen,
lass uns in die Pfützen springen,
Burgen bauen aus feuchtem Sand.

Großmutter, komm lass uns träumen,
schau, der Mond hängt in den Bäumen
und Schatten tanzen an der Wand.

Großmutter, komm sprich mit mir,
lieg nicht da wie ein krankes Tier,
wie kalt, so kalt ist deine Hand.

Unglücksbote

Das Klingeln des Telefons,
die Stimme des Vaters,
der gewöhnlich nicht anruft:

Er nennt seinen Namen,
ein kurzes Schweigen, sein Räuspern,
bevor er wieder spricht,

von dem Unheil erzählt.
Immer war er der Verkünder
schlechter Botschaften.

Klopfzeichen

Wer hört das frühe Gebet der Muezzin,
das Brausen einer Brandung in der Nacht?
Wer hört das Rauschen der Wellen,
das aufgeregte Flüstern unter einer Plane?
Wer hört das leise Singen einer Mutter im Zelt,
das Schmatzen ihres Kindes im Schlaf?
Wer hört das laute Lachen beim Zählen des Geldes,
das Zuschlagen einer Laderaumtür?
Wer hört das gleichförmige Klackern
des Motors, ein laut aufgedrehtes Radio?
Wer hört die leiser werdenden Stimmen,
ein Klopfen gegen die Wände des Lkw?
Wer hört das Klopfen und Hämmern
mit den Fäusten? Wer hört es?
Wer hört die Stille hinter der Tür?

II

Hoppengarten

Etwas Besseres als den Tod finden wir überall.
Die Bremer Stadtmusikanten

I

Bevor du, Bruder Leichtsinn, über den Zaun
in den Garten des Nachbarn springst,
zu den Mohrrüben, den duftenden Apfelstücken,
schau dir den Holzkasten, in dem sie liegen,
genau an: Siehst du das vergitterte Fenster?
Die aufgestellte Falltür? Die Wippe?
Sobald du sie betrittst, sitzt du in der Falle
vor einer letzten Mahlzeit. Was dich erwartet,
ist ein nur kurzes Glück – und danach
drei dumpfe Schläge in den Nacken.

II

Wenn ich auf dem Rasen kleine Erdhaufen
entdecke, angenagte Blumenzwiebeln,
dann weiß ich: Nunmehr bist auch du
in meinem Garten. Großvater sammelte
seine abgeschnittenen Haare und stopfte
sie in Erdlöcher, damit ihr Geruch dich
vertreibt. Aber was vergrault dich?
In Gruben, unter Gräsern und Gestrüpp
versteckst du dich. Und der Nachbar,
um Rat gefragt, zuckt nur die Schultern.

III

Als der Biologielehrer mit den Worten
Bufo bufo auf eine Abbildung von dir zeigte,
kicherten wir Kinder laut: Was für ein Name!
Jahrzehnte später hockst du träge am Teich,
ein verzaubertes Wesen aus dem Märchen,
und verkündest deine geheimen Botschaften.
Und wieder kichern Kinder, angelockt von
deinem eintönigen Gesang, als sie dich
zwischen den Gräsern entdecken. Ob sie auch
das vergnügte Krächzen der Krähe hören?

IV

In deinen Höhlen hockst du, in dem Labyrinth,
ein erschöpfter Baumeister, der mit
seinen Schaufeln die Erde immer und
immer wieder umgräbt. Lärm ist dir lästig,
und deshalb empfiehlt der Nachbar
eine leere Flasche in die Erde einzugraben.
Wenn der Wind über den Flaschenhals bläst,
beginnt sie zu singen. Dieses Geräusch, sagt er,
magst du nicht. So wie ich die Erdhügel
auf meinem Rasen, deine Trophäen des Tages.

V

Obgleich du aussiehst wie ein Käfer,
sollst du ein Krebs sein? Und deine Vorfahren
lebten im Meer? Jetzt verkriechst du dich
im Komposthaufen oder versteckst dich
unter einem Stein. Wenn ich ihn umdrehe,
um nach deinen Kiemen zu suchen,
klammerst du dich mit deinen Füßen fest.
Du scheust das Licht – und gefräßige Kröten,
die dir gern begegnen, sobald du auf
dem Rücken liegst, strampelnd und wehrlos.

VI

Schon Aristoteles pries dich als Helden
im Verborgenen. Unermüdlich gräbst du
dich durch die Erde, windest dich lautlos
durchs Laub, wühlst dich durch
verrottete Pflanzen, frisst faulende Pilze –
kein Weg ist dir zu weit. Und im Dunkel
der Erde hinterlässt du diese engen Gänge.
Aber blicken lässt du dich nur selten,
weil du weißt: Die Amsel dort oben
auf dem Ast – sie wartet auf dich.

VII

Weißt du, dass du einstmals Apollo,
dem Gott des Gesangs, geweiht warst?
Unter einem wolkenlosen Himmel
betrittst du deine Bühne, auf der du
mit deinen Hinterbeinen über die Flügel
streichst, bis ein zärtliches Zirpen erklingt.
Wen wirst du heute anlocken?
Wer wird dich erwählen? Wenn ich
dir zu nahe komme, scheuer Sänger,
wirst du zum nächsten Garten hüpfen.

VIII

Eingereist bist du als blinder Passagier in
einer Gemüsekiste auf einem Containerschiff.
Nun thronst du auf den Resten
eines Salatblatts, matt und müde, nicht
ahnend, dass mich dein Anblick an
mittelalterliche Folter denken lässt:
an kochendes Wasser, Salz, das Verstümmeln
mit einem Spaten – dabei immer den Blick
von dir abgewandt. Oder ich werfe dich
klammheimlich über den nächsten Zaun.

IX

Wenn ich ein Brennen auf der Haut beklagte,
weil du über meine Hand gelaufen warst,
erzählte Großmutter von der Heilkunst:
Diese scharfe Flüssigkeit, sagte sie, hilft
gegen Gliederschmerzen, gegen Geschwülste.
Sie pustete über meine Hand, das Brennen blieb.
Daran erinnere ich mich, als ich beobachte,
wie du dich mir näherst. Doch schließt du dich
einer Kolonne an, die eine tote Heuschrecke
zu einem Erdloch trägt, leichtfüßig und lautlos.

X

Früher nannten sie dich Schlangenfresser –
Schlangen wirst du hier keine finden,
aber Schnecken auf den Salatblättern.
Nach einem Schläfchen unter
einem Baldachin aus Blättern wackelst
du in der Abenddämmerung behäbig
wie ein Mönch über die Wege. Wenn du
dich durch mein Revier schnupperst und
deine spitzen Stacheln nur zur Schau trägst,
dann bist du ein gern gesehener Gast.

XI

Aus einem Erdloch zwischen Efeu und
wilden Erdbeeren schwirrst du mir
entgegen. Wohnte in dieser Höhle nicht
einstmals die Wühlmaus? Ich meide
dein Refugium, halte Kinder davon fern,
begegne dir mit Respekt, wenn du dich
mir mit lässig baumelnden Beinen näherst,
neugierig wie du bist. Angelockt von
süßem Pflaumenkuchen fliegst du über
den Jägerzaun zum Nachbarn. Flieg nur.

XII

Kennst du die Legende, dass du einst
als Schutz vor der Kälte des Winters
in einen Kamin geflogen bist? Ruß habe
dein weißes Gefieder schwarz gefärbt.
Inzwischen sitzt du auf dem obersten Ast
eines Apfelbaums, ein scheuer Einsiedler
mit gelbem Schnabel. Versonnen
betrachtest du die Welt aus der Ferne
wie Gulliver die Riesen, bevor du
von einem Wurm zu träumen beginnst.

III

Schnee

Alles versinkt im Schnee.
Orhan Pamuk

Und weisz und Schnee und mitten im Sommer.
Friederike Mayröcker

1

Schnee,

schon seit Tagen hinter dem Zugfenster,
so weiß und dezemberschwer,
unser lautloser Begleiter

durch Sibiriens Wälder,
durch Dostojewskijs Albträume.
Vier Jahre mit Ketten am Knöchel

in der Katorga, diesem Totenhaus in Omsk, wo
er, der Seelenarchäologe, umgeben von Flöhen
und Flüchen Gebete murmelte gegen

das glitzernde Eis, diese Kälte.
Am Abend ein Seufzen in unserem Abteil:
Endlich, der Samowar auf dem Gang

dampft.

2

Schnee-

flocken schweben vor meinem Gesicht,
gleiten auf Sträucher, auf Wiesen und Wege.
An der Ilm bei Weimar stapfen wir

unter einem klirrenden Himmel
durch Schnee, als ich ihn auf einmal
erblicke, den Dichterfürsten:

Wie er im roten Samtpelz elegant auf Schlittschuhen
über den zugefrorenen Fluss gleitet,
wie er mit den Armen mitschwingt,

Kreise dreht, übermütig Sprünge wagt, am Ufer
abbremst und den Damen immer und immer wieder
zulächelt: Goethe, der Schiller entschuldigt:

Schon wieder einen Fieberkatarrh, der Ärmste, ach –,
bevor er auf seinen Schlittschuhen
wieder verschwindet hinter den Schnee-

flocken.

3

Schnee

vermisst er unter der kalifornischen Sonne
schon lange und Eisblumen an den Fenstern
der Villa Aurora, wenn er den Morgen

auf der Veranda mit Kniebeugen beginnt,
mit Liegestützen, seiner Gymnastik
gegen das Altern.

Was hier wie Schneeregen klingt, ist nur
das Rascheln der Palmen in seinem Garten,
deren Schatten ihn bisweilen

in seinen Träumen verfolgen.
Wer ihn heute observiert,
ist bloß ein Pelikan, der träge

auf einer Steintreppe hockt. Telegramme
werden noch immer vor ihrer Zustellung
gelesen, Briefe geöffnet,

die auch vom Winter in Deutschland
erzählen, von zugefrorenen Seen, von
Eisblumen an Fenstern und vom

Schnee.

4

Schnee

meterhoch auf der Straße an der Wolga,
wird er später in sein Tagebuch schreiben
und sich an die Pferde erinnern:

Durch nassen Schnee quälten sie sich,
rutschten weg und sanken dabei tiefer
und immer tiefer in ihn ein,

während er, Brehm, auf dem Schlitten
unaufhörlich die Arme gegen die Kälte
um die Brust zusammenschlug.

Der Kutscher beschwor die Pferde
weiterzulaufen, krächzte und kreischte,
schlug mit der Peitsche –

vergebens: Die Tiere steckten fest.
Alle mussten diesen Schlitten verlassen –
und er, der Naturforscher, stapfte

durch den Schnee, setzte mühsam
Fuß vor Fuß, keuchte, bis er endlich
einen weiteren Schlitten erreichte. Einmal

noch drehte er sich nach den Tieren um,
die er zurückgelassen hatte mit einem Glöckchen
an der Deichsel gegen die Wölfe.

Später wird er sich an die Pferde erinnern –
  und ich werde in seinem Tagebuch lesen:
    Meterhoch auf der Straße an der Wolga

Schnee.

5

Schnee

ist ein guter Gehilfe bei der Jagd.
  Denn die Spuren des Wilds im Weiß
    zu lesen, ist leicht. Das dachten wir

bei unserem Aufbruch in der Dunkelheit,
  als das Dorf noch schlief. Aber beschwerlich
    wurden unsere Schritte im Schnee.

Die Fährte eines Rehbocks erkannten wir
  und folgten ihr, bis sie sich auf einmal verlor.
    Was wir dann sahen, war

eine einsame Krähe auf einer Buche,
  ein Haken schlagender Hase,
    den die Hunde hetzten – und fortwährend Schnee.

Die Kälte griff nach uns, aber wir stapften
  in feuchten Stiefeln weiter, bis
    wir ihn auf einmal am Waldrand

entdeckten: Er bewegte sich gemächlich,
  schien zu lahmen, drehte sich nach uns um –
    wir erlegten ihn mit dem Speer.

Mit hängenden Köpfen kehrten wir
ins Dorf zurück. Denn gering
war unsere Beute: nur

ein dürrer, kleiner Fuchs.

(Pieter Bruegel der Ältere: Die Jäger im Schnee, 1565)

6

Schnee,

den der einsame Spaziergänger so liebt.
Ein Flockengewimmel, als er aufbricht
in eine weiß verschneite Welt.

Das Knirschen seiner Stiefel der einzige Laut
im Wald. Tannen mit Schnee beladen,
Zweige, die sich zu Boden neigen.

Nach Schneeflocken greift er, bewundert
in seiner Hand ein letztes Mal diese Kunstwerke
der Natur, so zierlich und zart.

Auf seiner Station werden sie auf die Uhr
schauen, nach Robert fragen. Wo bleibt er
nur? Sie werden nach ihm suchen.

Seine Fußspuren entdecken zwei Jungen
auf Skiern. Sie finden ihn auf dem Rücken
liegend, die Augen geöffnet. Neben ihm

sein Hut im Schnee.

7

Schnee

als ein weiches Kissen für die Nacht?
   So, wie du dort liegst, den Kopf auf den Pfoten ruhend,
      die Augen geschlossen, scheinst du

auf Schnee zu schlafen. Müde vom Schnüffeln
   an den Bäumen, vom Markieren deines Reviers,
      vom Herumtollen über verschneite Wiesen.

Träumst du? Stellst du dir vor,
   wie eine warme Hand in dein Fell greift?
      Wie sie deinen Bauch streichelt? Oder

wie du im Atelier des Malers
   zwischen den Leinwänden Mäuse jagst?
      Wenn du etwas witterst,

wirst du aufstehen, die Spur aufnehmen.
   Was dann im Schnee zurückbleibt,
      ist nur noch ein flüchtiger Abdruck

deines Körpers.

(Franz Marc: Liegender Hund im Schnee, 1910)

8

Schnee-

flocken auf schwarzem Samt, Kristalle
von flüchtiger Schönheit,
die der Sohn eines Milchbauern

aus Vermont im Wintermantel studiert.
Mit der Feder eines Truthahns
wischt er Exemplare beiseite,

wählt eine Flocke aus, um sie
unter die Linse zu legen.
In einer Scheune das Labor mit

seinem Mikroskop und der Kamera,
einem Geschenk der Mutter. Die Blende mit
kleiner Öffnung, bis zu 100 Sekunden

Belichtungsdauer. Den Atem hält
er an, ein Besessener, fröstelnd, und
fotografiert: Schneekristalle.

Was er auf schwarzweißen Bildern sieht,
sind sechszackige Sterne, Säulen, Nadeln –
so viele Formen, jede einzigartig,

kleine Kunstwerke der Symmetrie.
Jeden Morgen sein Blick zum Himmel,
in Erwartung der nächsten Schnee-

flocken.

9

Schnee-

fall in der Nacht, vor dem Haus eine dichte,
unberührte Decke, über die wir
Kinder laufen, Fußspuren

hinterlassen. Kein gestreutes Salz.
Aus der pappigen Masse formen wir
Kugeln. Mahnende Blicke

des Vaters, der uns über in Wolken
gefrierende Wasserstropfen belehrt,
uns über Kältegrade aufklärt,

Schneekristalle preist, bevor Mutter
auf ein Familienfoto drängt, solange
die Kulisse noch weiß.

Gefrorenes Lächeln, das Klicken
einer Kamera, und noch immer
in meinen Händen

Schnee.

(Gerhard Richter: Familie im Schnee, 1966)

10

Schnee-

schippen, eine Melodie aus der Kindheit,
durch das gekippte Fenster, wenn
der Vater morgens mit der Hingabe

eines buddhistischen Mönches
die Schaufel über den Gehweg kratzte,
dich weckte. Knirschende Schritte, von fern

das Kreischen der ersten Straßenbahn.
Sein mehrmaliges Abtreten der Stiefel
am Gitterrost, bevor er

ins Haus zurückkehrte. Augenblicklich
Stille, in der du dir vorstelltest, wie er, über
die Zeitung gebeugt, allein in der Küche

sitzt.

IV

Leichtes Gepäck

Bleiben will ich, wo ich nie gewesen bin.
Thomas Brasch

Fremder Ort

Manchmal kommen wir an einem zerfallenen Zaun
vorbei, hinter dem ein Schild
ein Zimmer für die Nacht verspricht.

Als wir den Garten betreten, döst sie
auf einer Holzbank im Schatten der Bäume,
verfault Obst im Gras.

Am Abend holt sie Kirschlikör und das Familienalbum:
der Mann in Uniform, mit Schultüte ihr Sohn.
Ihr Leben in den vergilbten Bildern.

Morgens um sieben vor unserer Abreise
hören wir sie laut sprechen mit den Fotografien
allein in ihrem Zimmer.

(Wasungen im September)

Postkarte

Jetzt schweigen die Fenster.
Ein Kanapee, Stühle, eine Puppe am Straßenrand,
das Klappern der Türen hinter meinen Fersen,

gestern noch das Knurren der Hunde.
Über dem gelben Nebel lächelt
schmutzig der Himmel,

ein erster Baum trägt trauerschwarz.
Hier kräht kein Hahn mehr
und die Ratten hungern in den Kellern.

(Belmen im März)

Hühnergötter

Regenwolken über dem Meer, und wo
schäumende Wellen über Kiesel rollen, suchen wir
nach den Steinen mit dem kleinen Loch.

Die Bauern, so wird erzählt, fädeln sie auf eine Schnur
und hängen sie an den Eingang des Hühnerstalls.
Das Klappern der Steine im Wind verjage den Fuchs.

Die Wellen umspülen unsere Schuhe, während wir
weiter nach Hühnergöttern suchen. Wir finden
Treibholz, Muscheln, einen rostigen Nagel.

(Sassnitz im Dezember)

Über die Weser

Kein Kahn mit einem greisen Fährmann,
der zum Ruder greift, es in den Fluss eintaucht,
um die Toten über den Styx zu begleiten.

Eine Fähre an einem langen Stahlseil,
angetrieben allein von der Strömung des Flusses,
für die kurze Überfahrt der Reisenden.

Und ich der Schiffsjunge auf dem Deck, der
noch immer über das Schaukeln des Bootes staunt,
in der Hand die klebrigen Münzen.

(Polle im September)

Über die Elbe

Kein Gläschen Cognac für die Kontrolleure,
kein kehliges Lachen, kein Schulterklopfen wie
einst beim Überprüfen der Fahrscheine.

Hin- und hergeworfen wird die Fähre von
der Strömung der Elbe, zerteilt gurgelnd
das Wasser, Wellen schäumen unter dem Bug.

Und ich der Junge, der sich an die Reling
klammert, von fliegenden Fischen träumt,
inmitten dieser rasch vorbeiziehenden Welt.

(Stade im Februar)

Regen

(für Alfons Huckebrink)

Türkischer Mokka gegen die Müdigkeit
und stundenlanges Trommeln der Regentropfen
gegen das Wellblechdach des Cafés, während
sich der Tisch vor uns mit Tassen füllt.

In der Dämmerung der Fußweg überschwemmt.
Durch tiefes Wasser stapfen wir, sogleich nass
unsere Schuhe, hochgekrempelt die Hosen. Allein
durch einen Olivenhain erreichen wir unser Haus.

Die Glaskuppel einer Deckenleuchte bereits gefüllt
mit Regenwasser. *Nicht den Schalter berühren!*
Töpfe auf dem Küchenboden, im Schlafzimmer,
bevor wir noch einmal auf das neue Jahr anstoßen.

(Göynük im Januar)

Geduldige Tiere

Die über unserem Bett lauernde Spinne
war so groß wie die Passionsfrucht, die wir
zuvor auf dem Basar gegessen hatten.

Mit einem Besen schlug unser Vermieter nach
ihr. Einen leblosen Körper fanden wir nicht.
Hatte sein Schlag sie verfehlt? Lebte sie noch?

Spinnen, sagtest du, sind geduldige Tiere,
die sich unter dem Bett verkriechen,
um in der Dunkelheit zurückzukehren.

Wir nahmen unsere Decken und schliefen
auf der Veranda des Hauses, bis uns
frühmorgens das Kläffen der Hunde weckte.

(Brena Alta im Juni)

Im Watt

(für Horst Anton Lingnau)

Er kennt den Tidenkalender, den Standort
der Pricken, ihr Wedeln im Wind.
Er schmeckt salzige Luft, liest Spuren

der Würmer, spricht mit den Möwen.
Unter seinen Füßen das Schmatzen
des Schlicks am Morgen.

Nur noch kleine, schlurfende Schritte.
Bis zuletzt der Traum, dass über den Wellen
einst seine Asche verstreut wird.

(Cuxhaven-Döse im Mai)

Scheuer Besucher

(für Bea)

Kein Wind am Abend, der Handtücher von
der Leine weht. Angelockt von der Glühbirne
tanzen Nachtfalter um unsere Köpfe, suchen

Zuflucht auf den Wänden. Auf dem Tisch vor
uns ein Käfer, flinker als er stülpst du
ein Trinkglas über ihn. So gefangen läuft er

unruhig im Kreis. Sein roter Körper,
der lange Rüssel verraten ihn: Sie nennen ihn
hier *Escaravelho da Palmeira,* Palmrüssler.

Wenn sie seinen Namen aussprechen,
streichen sie sich mit der Hand über den Hals,
wünschen ihm den Tod. Er hockt in ihren

Palmen, zerfrisst sie langsam von innen.
Vor unserem Haus ein kümmerlicher Stamm,
blattlos. Du nennst den Käfer einen

scheuen Besucher, bevor du ihn behutsam
auf die Veranda setzt, das Glas hochhebst.
Rasch verschwindet er in der Dunkelheit.

(Monte dos Amores im Juli)

Siesta

Wie heiß es ist.

Die Sonne malt Schatten ans Haus,
Siesta, und nichts zu hören, nur
der Ventilator surrt.

Hinter dem Fliegengitter lecke ich
den Schweiß von deiner Haut, bis
unser Atem ruhiger wird.

Wie heiß es ist.

(Valderrobres im August)

Mes petits amours

Auf dem Land Wind, der die Wolken
vertreibt, die Mücken in der Dämmerung.

Du suchst nach Zecken im Fell des Hundes,
der schläfrig auf einem Schafsfell liegt.

Auf meinen Lippen der Geschmack von
Salz, dein von der Sonne verbrannter Nacken.

Auf der Fensterbank glänzen Schalen
der Austern, die wir von Felsen gekratzt haben.

Später wecken uns Schüsse
aus dem Wald hinter dem Haus.

(Kerobert im Juli)

Madonna

Plötzlich, am frühen Nachmittag, zwischen
den Zähnen die Zunge, Schweiß auf der Stirn,
holt er die Madonna aus ihrem Schrein,
        hoch über der Stadt.

Abgebrochen ein Teil ihres Kopfes, schleppt
er sie zu seinem Wagen, auf dem wir
Restauração lesen, und keucht, als trüge er
        eine schwere Last.

(Lissabon im Juli)

Cangrejos

Durch das Fenster des Wohnzimmers
sehen wir, wie sie in der Sonne
dösen, regungslos neben

großen Erdhöhlen: lange Beine,
glänzende Scheren, in allen Farben
schimmernde Panzer, die

wir bewundern. Eine Plage, sagt Alvaro,
der hinzukommt, mein Garten zerstört,
ich werde Gift nehmen müssen. Am Abend,

bei einem Teller Kochbananen, erzählt er
von Häusern, die er als Architekt gebaut hat.
Kein gutes Wort über Castro.

(Guanabo im August)

In langen Gängen

Was suchen wir hier? Eine Duftkerze
gegen Stechmücken in der Dämmerung?
Krabbenchips? Einen Strohhut gegen die Hitze?
Schnürsenkel für Wanderstiefel? Zwischen

hohen Regalen, vollgestopft mit Koffern,
Kinderspielzeug, Küchengeräten irren wir umher,
verlieren uns in langen Gängen, bewegen uns
im Kreis. Atemlos stolpern wir über Schuhe,

stoßen gegen Stehlampen, Sessel, Spiegel,
begegnen entmutigten Blicken, erkennen
unsere Gesichter. Im Hintergrund eine Stellage
mit Stoffballen, ein Ständer mit Shorts,

mit Bademänteln, Blusen in allen Größen.
Wir scheinen gefangen wie der Minotaurus
in Daedalus' Labyrinth. Wir finden keinen
Ariadnefaden, keinen Ausgang, bis wir

Schussgeräusche vernehmen, von ihnen
angelockt werden. Wie ein Buddha thront hinter
der Kasse ein Junge, versenkt in sein Videospiel.
Schnell stehlen wir uns an ihm vorbei.

(Cómpeta im Juli)

Manteros

Zwei stehen Schmiere, zwei spielen
zum Zeitvertreib im Schatten Backgammon,
einer lächelt, *Hello Mister,* nennt Preise.

Ausgestellt auf weißem Laken
die neuesten Modelle: Taschen von Chanel,
von Gucci, Armbanduhren, Sportschuhe.

Ein Pfiff und sogleich wird die Decke wie
das Netz eines Fischers hochgezogen.
Ein weißes Bündel, das davonrennt.

Straßen weiter noch bange Blicke,
bevor die Waren wieder ausgebreitet,
Angebote auf dem Laken sortiert werden.

Zwei stehen Schmiere, zwei spielen
zum Zeitvertreib im Schatten Backgammon,
einer lächelt, *Hello Mister,* nennt Preise.

(Granada im August)

Leichtes Gepäck

(für Martin Klein und Michael Wildenhain)

Ein Absperrband vor der Veranda, in Beeten
Brennnesseln, fahles Licht hinter Butzenglas –
was hatten wir erwartet? Mit dem Ernst
eines Zeremonienmeisters empfängt er uns.

Ein Blick auf unsere Rucksäcke, nur leichtes
Gepäck, sein Murmeln, bevor er im fleckigen
Anzug die Wendeltreppe zu den Zimmern
voransteigt. Frühstück von sieben bis zehn.

Das Bett aufgeschlagen, ein runzliger Apfel
auf dem Kopfkissen, knarrende Dielen bei
jedem Schritt. Seine Karte in der Hosentasche:
Buchung bestätigt. Mit artigen Grüßen.

Am nächsten Morgen begegnen wir auf
dem Weg zum Speisesaal seiner Mutter: hinter
zugezogenen Gardinen, vor dem Fernseher,
auf dem Schoß eine dicke Katze, stumm.

Als wir die Schuhe binden, die Pension
verlassen, schnurstracks zu Münchhausen,
winkt er aus einem Fenster, ruft uns
hinterher: Wenn sie stirbt, ist hier Schluss.

(Bodenwerder im August)

V

Mann im Mond

Ich behalte das Glück der ersten Erinnerung.
Christoph Meckel

Schreiben, das bedeutet immer, von der Kindheit zu erzählen.
Jean Genet

Mann im Mond

I

An diesem Tag liegt die kleine Schachtel auf einer Kommode
im Flur, als du sie nimmst: Ein achtjähriger Junge, der weiß,
dass er Verbotenes tut. Im Garten, hinter der Hecke,
reißt du einige Zündhölzer an – und wirfst sie rasch weg.

II

Vorerst steht er auf der Leiter. Dann hebt und senkt er
seine Füße, steigt bedächtig von einer Sprosse zur nächsten.
Noch ein Schritt – und er setzt auf. Unter seinen Stiefeln
feiner Staub. Der erste Mensch betritt den Mond.

III

Die Nachbarin im Flur. Sie spricht mit deiner Mutter,
und du stehst mit gesenktem Kopf hinter ihr. Was sie später
zu dir sagt, vergisst du nicht: Der Fernseher bleibt aus.
Heute Nacht wirst du schlafen. Kein Mann im Mond.

Der kleine Drache

I

Am Sonntagnachmittag ist der Saal gefüllt. Du sitzt vorne vor der Leinwand, ein zwölfjähriger Junge, der darauf wartet, dass das Licht ausgeht. Die erste Kinokarte hältst du noch immer in der feuchten Hand, als der Film endlich beginnt.

II

Ein Mann springt durch die Luft. Tritt mit dem Fuß gegen das Kinn seines Gegners. Der Schurke schreit auf. Noch zwei schnelle Schläge – und er liegt am Boden. Auf der Brust des *kleinen Drachen* blutige Kratzer von der Todeskralle.

III

Du kauerst hinter einem Sessel, deinem Versteck, bevor du deinen Bruder anspringst. Er ist kleiner als du, ein Bösewicht, der sich wehrt. Gerangel, ihr wälzt euch auf dem Teppich, gequältes Kreischen – und ein Stück Zahn in deiner Hand.

Das Maul des Fisches

I

Am Samstagabend schwimmt in der Badewanne ein Karpfen,
der sein Maul fortwährend öffnet und schließt. Dein Vater reibt
nasse Hände an der Hose, und du kniest vor dem Fisch,
ein sechsjähriger Junge, der sich wünscht, ihn zu berühren.

II

In dem Traum springt ein Junge ins Meer und taucht sogleich
unter. Tiefer und tiefer sinkt er, bis er vor sich das Maul eines
großen Fisches sieht. Das Maul öffnet und schließt sich, eine
dunkle, geheimnisvolle Höhle, in die der Junge hineinschwimmt.

III

Auf dem Sonntagstisch die Platte mit dem Karpfen. Karli hast du
ihn genannt, und dein Vater bestreut ihn mit gehackter Petersilie.
Von den Kartoffeln nimmst du, von den Karotten und
noch einmal Kartoffeln. Unwillig führst du die Gabel zum Mund.

Für das Gewissen

I

Drückeberger hat dich dein Onkel genannt. Jetzt sitzt du
an deinem Schreibtisch vor aufgeschlagenen Büchern,
dem Zettel mit Notizen, ein siebzehnjähriger junger Mann,
der an seiner Begründung schreibt, bis die Hand schmerzt.

II

Das Foto an der Pinnwand, ein Zeitungsausschnitt: Fünf
Kinder rennen schreiend eine Straße entlang, inmitten
der Gruppe ein kleines nacktes Mädchen, die Augen weit
aufgerissen. Soldaten im Hintergrund, aufsteigender Rauch.

III

Eine Tür mit dem Schild «Prüfungskommission», darunter
hat jemand mit Kugelschreiber *für das Gewissen?!* geschrieben.
Auf der Liste dein Name. Du verspürst leichten Schwindel,
wartest, memorierst Antworten, bis die Tür sich öffnet.

Gegen die Wand

I

Den Stein entdeckst du vor der Pausenhalle und vergisst sogleich das Wurstbrot in der Hand. Er ist rund wie ein Ball, und du, ein neunjähriger Junge, trittst ihn mit Wucht gegen die Wand, das Tor, während der Lehrer herbeieilt.

II

Auf einer Liege das zitternde Kind. Das behutsame Befühlen einer Augenbraue, der Blick auf die Wunde, ihr Säubern mit einem Alkoholtupfer. Eine Krankenschwester hält das Kind fest. Zwei Stiche, mit einer Pinzette wird der Knoten angezogen.

III

Hinter der grauen Gardine stehst du, blickst in den Hof.
Gelbes Laub auf Steinplatten. Die Wäschestange
als Tor. Sie spielen sich den Lederball zu, johlen. Rote,
verschwitzte Gesichter – hinter dir die verschlossene Tür.

Tanzball

I

Den grünen Cordanzug hat deine Mutter ausgewählt.
Mit Barbara, die sich Babsi nennt, und wackligen Beinen
betrittst du das Parkett, ein vierzehnjähriger Junge, der,
sobald die Musik einsetzt, nur noch auf seine Füße starrt.

II

Die Knie leicht beugen. Ein Schritt nach vorn mit
dem rechten Fuß, mit dem linken Fuß ein Schritt nach
links. Füße schließen. Nicht nach unten schauen.
Über die Tanzfläche schweben. Fortwährend lächeln.

III

Höflicher Applaus, aber das Finale verpasst. Noch
immer spürst du Barbaras klebrige Hand, die dich aus
dem Saal zieht, nach draußen. Am nächsten Morgen
an deinem Hals ein blauer Fleck, dein ganzer Stolz.

Mit kleiner Schrift

I

In dieser Nacht sitzt du im Pyjama vor deinem Bett, ein
elfjähriger Junge, der mit kleiner Schrift ein Zettelchen
beschreibt. Du allein hörst das Kratzen des Bleistifts,
bevor du das Zettelchen im Federmäppchen versteckst.

II

Auf dem Schreibtisch eine Tasse Tee, eine Namensliste,
ein Stapel mit Klassenarbeiten, der Rotstift. Er nimmt
ein Heft, schlägt es auf, liest. Häkchen setzt er hinter die Sätze,
bevor er umblättert. Zwischen den Seiten dein Zettelchen.

III

In der Küche der Vater. Frikadellen in der Pfanne,
doch du gehst in dein Zimmer. Das Heft nimmst du aus
der Schultasche, denkst an das Wort unter deinem Text,
unterstrichen, rot, zweimal. Langsam schaust du dich um.

Liebesbrief

I

Auf deinen Knien eine aufgeschlagene Kladde, als
du auf einer Parkbank sitzt: Ein dreizehnjähriger Junge, der
seinen ersten Liebesbrief schreibt. Sätze streichst du
wieder durch, denkst über bessere Wörter nach.

II

An dem Postamt ein Plakat mit Fotos: Gesichter
von Frauen und Männern, neunzehn Namen, in
rotem Rahmen, darüber steht *Baader-Meinhof-Bande.*
Zwei Fotos mit einem Filzstift durchgestrichen.

III

Neben dem Postkasten der Aushang, die Gesichter
betrachtest du lange. Endlich wirfst du den Brief ein,
unter dem Liebesgedicht von Heine steht dein Name.
Den Dichter, denkst du, wird sie gewiss nicht kennen.

Vor dem Schlafzimmer

I

An diesem Morgen schleichst du zu der angelehnten
Tür, einem keuchenden Bett. Vor dem Schlafzimmer
der Eltern lauschst du, ein zehnjähriger Junge, der
nicht weiß, ob er stehen bleiben oder weggehen möchte.

II

Er sitzt auf einer Matratze und spielt Gitarre. Seine Frau
trägt wie er einen Schlafanzug. Am Fenster Plakate, in
großen schwarzen Lettern verkünden sie *Bed Peace.*
Sieben Tage im Hotel. Besucher willkommen.

III

Die Mutter beißt in ihr Brötchen, dein Vater liest in
der Zeitung, schüttelt den Kopf: auf der Titelseite
ein Paar in einem großen Bett. Deine verstohlenen
Blicke. Hinter einer Tasse Kakao versteckst du dich.

Flaschendrehen

I

An diesem Abend kreist die leere Flasche und zeigt
zum ersten Mal auf dich, einen fünfzehnjährigen Jungen.
Beklommen schaust du zu Rita aus deiner Klasse,
bevor du dich zu ihr beugst, die Augen schließt.

II

Der Sänger auf der Bühne im hautengen weißen Anzug.
Einen Arm reckt er in den Himmel, ballt die Hand
zur Faust. Vor ihm der Mikrofonständer. Das nächste
Lied: *Bohemian Rhapsody*. Das Publikum kreischt.

III

Ein Klingeln an der Tür, deine Mutter holt dich ab.
Noch einmal möchtest du Ritas Lippen berühren, als
die Mutter bereits vor dir steht. Du kehrst ihr den
Rücken, tanzt, lächelst. Die Discokugel dreht sich.

ANMERKUNGEN

Schwarze Oliven

Ausgezeichnet mit dem Postpoetry-Preis NRW 2023. Erstveröffentlichung in: Frank Lingnau und Amanda Herbster, *Das Vorbeiziehen der Schrebergärten – Ein poetischer Dialog*. Daedalus Verlag, Münster 2023.

Teenager und Postkarte

Überarbeitete Versionen der 1987 in dem Lyrikband *Da hing der Wind in den Seilen* veröffentlichten Gedichte.

Fotoalbum

Der ambitionierte Amateurfotograf und Lagerkommandant des Konzentrationslagers Buchenwald, Karl Otto Koch, legte 1938 für seinen Sohn Artwin ein Fotoalbum an. Anfertigen ließ Koch das Album von Häftlingen in der Buchbinderei der Lagerwerkstätten. Ein Häftling gestaltete schließlich das Album nach Kochs Vorgaben und versah die einzelnen Seiten mit kleinen Zeichnungen. Dieses Fotoalbum wurde 1947 von der amerikanischen Anklagebehörde im Dachauer Buchenwald-Prozess als Beweismittel verwendet.

Hoppengarten

Hoppengarten ist der Name einer Kleingartenanlage in Münster/Westfalen.

Schnee (5)

Das 1565 entstandene Jahreszeitenbild *Die Jäger im Schnee* von Pieter Bruegel dem Älteren ist das erste bekannte europäische Großgemälde mit Schnee.

Schnee (7)
Für das Bild *Liegender Hund im Schnee* hat Franz Marc seinen sibirischen Schäferhund Russi als Modell genommen. Das Bild hängt im Städel Museum in Frankfurt. 2008 wurde es von den Besuchern des Museums zu ihrem Lieblingsbild gewählt.

Schnee (8)
Wilson A. Bentley aus Jericho, Vermont, beobachtete als Amateur-Meteorologe fünfzig Jahre lang Schneeflocken. 1885 gelang ihm die erste Aufnahme einer Schneeflocke, bis zu seinem Tod im Jahr 1931 entwickelte er 5000 Fotos von Schneekristallen.

Schnee (9)
Das Gemälde *Familie im Schnee* gehört zu den Werken Gerhard Richters, die er nach Fotografien aus privaten Fotoalben gemalt hat. Es zeigt ein Paar mit zwei Kindern in einer verschneiten dörflichen Umgebung.